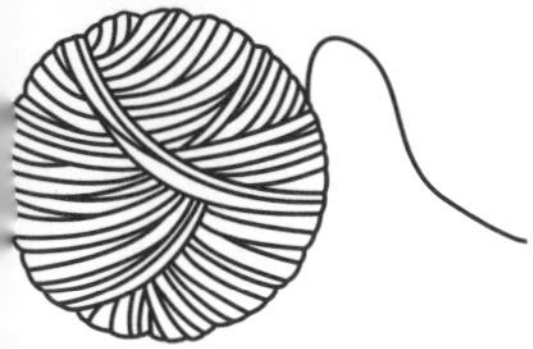

Simon Holland

Testez le QI de votre CHAT

Découvrez le génie
qui sommeille
en votre chat !

LAROUSSE

À la mémoire de Rupert, le Super-Chat.
Et à Smudge, qui cartonne toujours aux tests.

ÉDITION ORIGINALE

Test your cat 2 (genius edition)

Cet ouvrage a été publié pour la première fois en anglais
en 2015 par Harper Collins Publishers Ltd

Illustrations de Erica Salcedo Saiz

ÉDITION FRANÇAISE

TRADUCTION ET ADAPTATION POUR LA VERSION FRANÇAISE
Sabine Rolland

DIRECTION DE LA PUBLICATION
Isabelle Jeuge-Maynart et Ghislaine Stora

DIRECTION ÉDITORIALE
Catherine Delprat

ÉDITION
Liza Person-Lisiecki assistée de Maud Rogers

CONCEPTION GRAPHIQUE ET MISE EN PAGES
Claude-Olivier Four

COUVERTURE
Maeva Lebègue

FABRICATION
Donia Faiz

ISBN : 978-2-03-593976-0

Sommaire

1
2
3
4
60
50
40
30
20
10

Introduction

Reconnaissons-le : nos amis les chats ont toujours eu une tête d'avance sur nous, les humains. Leurs lointains ancêtres ont montré le bout de leur nez il y a environ 30 millions d'années, alors que les nôtres ne sont apparus qu'il y a 2 ou 3 millions d'années. Et que dire de l'homme moderne ? Il a traîné à faire son entrée sur la scène de l'évolution et a fini par se pointer il y a seulement 200 000 ans.

On sait aujourd'hui que les humains et les chats cohabitent depuis plus de 12 000 ans. Alors avant d'être considérés comme de véritables divinités par les anciens Égyptiens il y a environ 3 600 ans, nos petits félins avaient largement eu le temps de s'habituer au confort domestique de certaines des plus grandes civilisations de l'histoire.

Lorsque la route des chats et celle des humains se sont croisées pour la première fois, il était clair dans l'esprit de ces petits carnivores que les hommes finiraient par capturer des proies à leur place. Les hommes ? Ces mammifères dociles, accommodants et hautement manipulables, qui se déplaçaient maladroitement sur deux jambes – quelle étonnante nouveauté ! –, étaient bien trop impressionnés par le feu pour remarquer les formes félines se glisser subrepticement dans le camp, promptes à chaparder leur délicieux butin.

« Enfin, pensaient ces opportunistes à fourrure, nous n'allons plus avoir besoin de chercher notre nourriture toute la journée et de nous débrouiller seuls ! Nous avons fini par tomber sur une espèce assez bonne poire pour faire tout le boulot à notre place. »

Mais au cours de ces 10 000 dernières années environ, il se peut que les chats domestiques se soient un peu trop reposés sur leurs lauriers et soient tombés dans l'autosatisfaction, voyez-vous. Plus suffisamment de challenges à relever, plus suffisamment de contraintes, de difficultés et d'efforts dans leur vie de chat pour pouvoir continuer de grimper sur l'échelle de l'évolution.

Il est temps qu'ils sortent des « paniers » battus, qu'ils se montrent originaux et inventifs, et voici comment vous, leur maître, pouvez les aider.

Grâce à ce livre, vous allez pouvoir organiser pour votre minou toute une série de jeux et d'activités capables de révéler la nature complexe de ses aptitudes et compétences. Et qui sait? Ces nouveaux défis pourront peut-être booster son génie et ses facultés d'adaptation, et le sortir de son long sommeil pour le remettre sur la route de l'évolution…

Les chats, nouveaux conquérants du monde moderne? Pourquoi pas !

Mesurez l'ingéniosité de votre chat

Tester l'intelligence, l'ingéniosité et l'originalité de votre compagnon peut être un exercice très amusant qui contribue également à faire ressortir les différentes facettes de sa personnalité. Les chats ne sont pas toujours aussi prévisibles que d'autres animaux. Bien que domestiqués, ils ont gardé une part de sauvagerie, une certaine indépendance et leur esprit d'aventure. Ils prennent des décisions en suivant leur instinct ou en sentant jusqu'à quel point ils peuvent pousser le bouchon sans risque. C'est sans doute ce qui rend ces petites créatures si fascinantes et si réjouissantes : elles préfèrent se faire plaisir avant de vous faire plaisir. Mais en se comportant ainsi, elles offrent un documentaire animalier des plus comiques que vous pouvez essayer de filmer, que ce soit chez vous ou à l'extérieur.

Comment tirer le meilleur parti des tests

OK. On vous a offert ce livre à Noël ou pour votre anniversaire, et vous avez ri bêtement en le feuilletant, tout en vous disant : « Celui-là, il va aller tout droit rejoindre les autres aux toilettes. » Mais attendez une seconde. Plus vous consacrerez de temps à ces tests, plus ils vous aideront à déchiffrer l'énigme ambulante qui rôde à votre domicile.

Si vous avez envie de partager quelques jeux rapides et amusants avec votre petit félin, vous trouverez tout ce qu'il vous faut dans ce livre ; et vous pourrez profiter d'un jour de pluie, par exemple, pour consacrer du temps à des activités plus exigeantes où vous noterez consciencieusement les résultats obtenus. D'autres impliquent d'être répétées lors d'une même journée ou sur plusieurs jours afin d'obtenir un résultat représentatif. Bref, ce livre est pour la vie – et pas seulement pour Noël.

De nombreux tests évaluent le comportement de votre chat « en solo », tandis que quelques-uns s'effectuent avec des congénères ou d'autres animaux. Mais, ne vous en déplaise, les plus intéressants évaluent ses manières d'interagir avec vous, de vous tester et de vous manipuler. D'ailleurs, certains des meilleurs résultats peuvent être obtenus par des minous particulièrement habiles pour induire chez leur maître des comportements de nature à faire de leur vie un petit paradis sur terre.

Gardez un chronomètre ou un portable à portée de main, car certaines activités sont chronométrées. N'hésitez pas à répéter ces tests durant plusieurs jours ou semaines pour voir si votre chat est capable de s'améliorer.

La rubrique « Tactiques payantes » permet à votre matou de remporter plus ou moins de points selon la fréquence des comportements testés. Il peut gagner des points supplémentaires grâce à la rubrique « Un bonus à la clé? » Mais ne trichez pas ! Si vous le faites, c'est votre chat que vous dupez (et vous-même, en fin de compte).

Les différentes catégories de tests

Pour faire très sérieux, n'est-ce pas, nous avons classé ces tests en cinq catégories.

TESTS PHYSIQUES

Cet ensemble d'activités examine les différentes manières dont votre chat utilise son corps pour obtenir un avantage décisif dans son environnement. Il ne s'agit donc pas d'évaluer ses seules force et agilité, mais aussi son habileté et sa créativité.

TESTS LIÉS AU TERRITOIRE

C'est ici que vous pouvez mesurer l'équilibre (ou le déséquilibre) entre les instincts naturels de votre chat et sa capacité à les adapter aux contraintes de la vie rurale, urbaine ou suburbaine.

MÉTÉO ET RELATION AU COSMOS

Après avoir évalué la conscience de votre chat à son corps et son territoire, vous pouvez mesurer comment il surmonte des facteurs difficilement contrôlables – la météo et l'interdépendance entre les phénomènes visibles et invisibles dans l'univers.

TESTS PSYCHOLOGIQUES

Tel est le véritable objet de ce livre : vous inviter à évaluer ce qui se passe vraiment derrière ces yeux si intelligents… Les modes de comportement de votre chat sont aussi des modes d'expression et des indicateurs d'humeur. Alors observez-les très attentivement.

SURNATUREL ET SIXIÈME SENS

À première vue, cette catégorie ne semble pas vraiment sérieuse… Et pourtant. En analysant les bizarreries de votre animal, vous découvrirez peut-être quelques-unes de ses mystérieuses connexions à l'univers paranormal – à vous en faire froid dans le dos ! Alors ne soyez pas sceptique : votre matou pourrait vous ouvrir les portes du monde des esprits… imaginez un instant les avantages (potentiellement lucratifs) que vous pourriez en tirer.

Les résultats et les conclusions figurent aux pages 125 à 127. Vous pourrez ainsi analyser les résultats de votre animal dans chacune des catégories ci-dessus, puis les compiler pour déterminer son profil physique et psychologique. Cela vous permettra également d'identifier les domaines dans lesquels il pourrait s'améliorer à l'avenir.

Remarque générale (concernant l'ensemble des rubriques) : faites en sorte que votre chat ne s'aperçoive pas qu'il est testé. S'il le savait, l'idée ne lui plairait sans doute pas et il refuserait de coopérer. En cas de besoin, n'hésitez donc pas à employer la ruse !

Chapitre 1

TESTS PHYSIQUES

Nos chats sont des mammifères domestiqués, mais ils ont habilement conservé une petite part de leur nature sauvage – en fait, juste ce qu'il faut pour vous empêcher de lever le pied. Si votre chat vit avec vous, c'est uniquement par commodité. Bien que ces félins se soient adaptés à un environnement domestique, ils n'en sont pas esclaves : ils peuvent y demeurer ou s'en affranchir selon leurs besoins immédiats, sans cesse changeants. Examinez de plus près le comportement physique de votre matou, vous y décèlerez toutes sortes de nuances et de subtilités cachées dans sa capacité à manipuler son environnement mais aussi vous, son maître.

Les tests et les activités physiques de ce chapitre vont vous aider à mesurer son niveau d'adaptation à la vie domestique. Notez soigneusement chaque résultat et, si nécessaire, répétez l'expérience pour obtenir une moyenne qui reflète fidèlement l'attitude générale de votre chat.

Test n° 1

Vrai ou faux chat ?

Votre chat est-il un vrai chat ou, au contraire, un charlatan, un imposteur, une créature faussement féline ? Contrairement à l'avis de l'ensemble des experts, il n'existe qu'un seul moyen de le savoir.

Sous les yeux de votre chat, posez un petit objet (une pièce de monnaie ou un crayon, par exemple) près du bord d'une table ou d'une autre surface en hauteur sur laquelle il n'y a (quasiment) rien d'autre. Prenez un chronomètre et voyez combien de temps il met pour le faire disparaître d'un coup de patte.

Si c'est un vrai chat, il fera tomber cet objet après avoir pris conscience de sa présence. La rapidité de réaction est déterminante : plus votre animal réagit vite, plus il est félin.

- ☐ Pas de réaction **0 POINT**
- ☐ 5 minutes **1 POINT**
- ☐ 1 minute **2 POINTS**
- ☐ 30 secondes **3 POINTS**
- ☐ 10 secondes **4 POINTS**
- ☐ Moins de 5 secondes **5 POINTS**

Test n° 2

Gestion des espaces confinés : un défi métaphysique

Malgré ses bras longs d'environ 4 mètres, la pieuvre géante du Pacifique peut se faufiler dans une ouverture pas plus large qu'une balle de tennis. En général, les chats sont capables de se glisser dans des espaces très étroits (qui ne mesurent parfois que 7 à 8 centimètres de largeur). Mais il est temps de nous pencher sérieusement, test à l'appui, sur leur attitude à l'égard d'un grand problème métaphysique : l'espace confiné.

Lorsque vous lui présentez différentes sortes de boîtes, de caisses ou de récipients, votre chat :

☐ Y jette un œil, puis retourne sur le canapé. **1 POINT**

☐ Examine chaque boîte à la recherche de traces de nourriture avant d'y entrer. **2 POINTS**

☐ Se glisse dans la boîte ou la caisse dont l'intérieur lui semble le plus cossu. **3 POINTS**

☐ Choisit la boîte la plus petite et ne la laisse pas tranquille avant d'avoir réussi à y entrer, péniblement mais complètement. **4 POINTS**

☐ Essaie chaque boîte à tour de rôle jusqu'à ce qu'il identifie la plus confortable. **5 POINTS**

☐ Va chercher un ensemble d'instruments de mesure guidés au laser et se met à réaliser une étude structurelle de chaque récipient. **5 POINTS**

Test n° 3

Le décodeur de posture

Si vous voulez être à l'écoute des humeurs et de l'intelligence de votre chat, vous devez apprendre à interpréter ses différentes positions et attitudes. Les postures décrites ci-dessous sont des messages physiques transmis par votre matou aux autres créatures à proximité.

TACTIQUES PAYANTES

Soyez honnête : cochez les poses que votre chat adopte quotidiennement, ou du moins régulièrement, et faites le total des points.

☐ LA THÉIÈRE : pattes repliées sous l'abdomen, queue enroulée autour du corps, dos arrondi, face en avant – tout est ramassé chez ce chat-là, il ne lui manque plus qu'une anse. La pose de la théière vous sert une tasse tiède… de déception. Votre chat vous reprocherait-il de ne pas avoir remarqué ou fait telle ou telle chose ? En tout cas, il juge que vous auriez pu faire mieux. **2 POINTS**

☐ LA THÉIÈRE DE DOS : non seulement vous n'avez pas fait ce que votre chat vous avait demandé de faire, mais en plus vous avez dépassé les bornes. Le « derrière » de la théière vous est présenté. Aucune tasse bien chaude ne vous sera versée. Zéro contact visuel. Pas d'accès possible. Vous êtes exclu. **3 POINTS**

☐ LE PARALLÉLOGRAMME : c'est une position de sommeil ou de détente qui traduit une relaxation complète, une sérénité totale et un sentiment de sécurité optimal. Voyez comment les deux côtés de Minou sont parfaitement parallèles. **2 POINTS**

Théière

Théière de dos

Parallélogramme

☐ LA CHAISE-LONGUE : lorsqu'un chat est couché ainsi sur le côté, avec au moins un membre antérieur allongé, c'est qu'il est d'humeur badine et prêt à toutes sortes d'espiègleries.

2 POINTS

☐ LE LIVRE OUVERT FAUSSEMENT OUVERT : c'est l'une des postures les plus ambiguës ; avec son ventre à l'air, exposé à tous vents, votre matou respire la confiance et le contentement. Mais ne vous y trompez pas : il est également sur la défensive, prêt à vous envoyer un bon coup de « bas les pattes ! » si vous vous avisez d'entrer dans son aura de bien-être et de plaisir.

3 POINTS

Chaise-longue

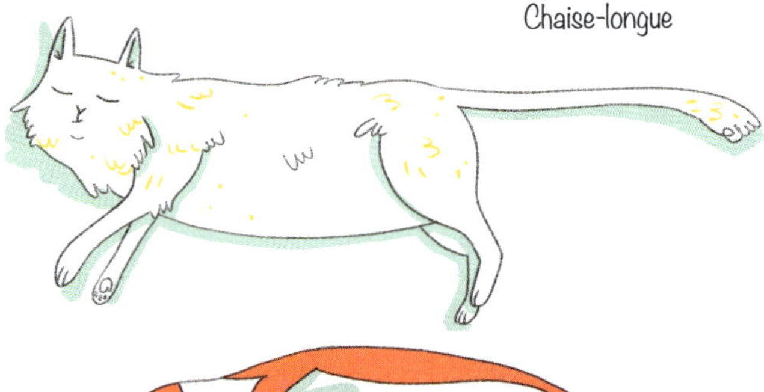

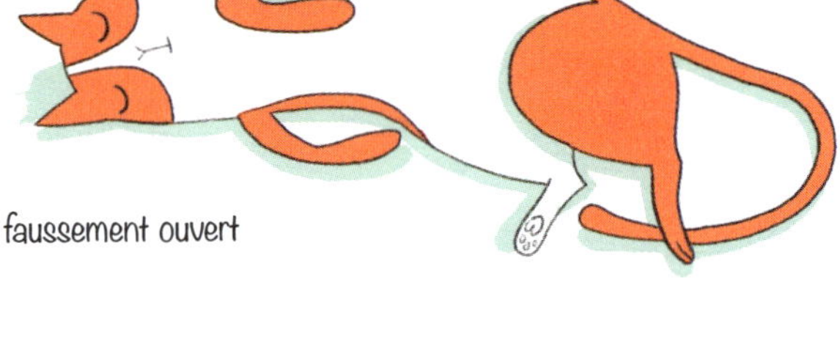

Livre ouvert faussement ouvert

Test n° 4

Le langage caudal

Grâce au soi-disant progrès de l'évolution, nous, les humains, avons perdu notre queue, et c'est bien là le problème. Nous sommes devenus incapables de comprendre toute la diversité des signaux envoyés par les mammifères au moyen de leur appendice postérieur si polyvalent. Mais avec un peu de soin et d'attention, nous pouvons essayer de décoder les messages de base contenus dans les mouvements subtils de la queue de notre meilleur ami, le chat domestique.

TACTIQUES PAYANTES

Si votre chat utilise sa queue pour vous contrôler ou vous manipuler, il mérite de remporter des points pour chacune des positions ci-dessous – à condition qu'elles soient affichées de manière régulière ou quotidienne.

☐ LA QUEUE PLANQUÉE : si votre chat rentre sa queue pour la dissimuler sous son ventre, c'est soit qu'il a peur de quelque chose, soit qu'il est mal à l'aise. **1 POINT**

☐ LA QUEUE OSCILLATOIRE : si la queue de votre chat oscille rapidement ou s'agite nerveusement, c'est un signe de grand énervement ou de peur. Attendez-vous à ce qu'il « dégaine » en partant comme une flèche. **1 POINT**

☐ LA QUEUE EN POINT D'EXCLAMATION : si votre chat a la queue toute dressée, c'est qu'il est heureux, en confiance et relativement content de vous voir. **2 POINTS**

☐ LA QUEUE EN POINT D'INTERROGATION : cette queue interrogative vous pose effectivement une question : « Es-tu partant pour qu'on fasse quelque chose ensemble ? » Elle traduit la gaité et l'ouverture. **2 POINTS**

La queue planquée

La queue oscillatoire

La queue en point d'exclamation

La queue en point d'interrogation

☐ L'ASSASSIN AUX AIRS TRANQUILLES : la queue révèle ici l'intelligence froide et lucide du méchant d'un film de James Bond. Elle se balance lentement, « mine de rien », pour masquer l'attaque prochaine d'un congénère, d'un autre animal, d'une personne ou d'un objet. (Remarque : cette queue peut être associée à la queue de l'Incroyable Hulk, ci-dessous.)

3 POINTS

UN BONUS À LA CLÉ ?

Si vous possédez plusieurs chats ou si votre chat est régulièrement en contact avec des congénères, des points supplémentaires peuvent être remportés :

☐ L'INCROYABLE HULK : soudain, c'est comme si votre chat avait eu le poil lavé et passé au sèche-cheveux ! Il fait le gros dos et ébouriffe sa queue pour impressionner ses congénères.

3 POINTS

☐ L'UNION FAIT LA FORCE : les chats enlacent leurs queues pour montrer qu'ils sont membres du SDF (Syndicat des Félins), une institution qui blackboule automatiquement les humains.

2 POINTS

L'assassin aux airs tranquilles

L'Incroyable Hulk

L'union fait la force

Test n° 5

Le goût du risque

Du point de vue d'un chat, sauter sur une table revient à plonger dans l'inconnu. C'est une affaire risquée. Il n'y a aucun moyen de savoir ce qu'il y a sur cette table et quelles seront les conditions d'atterrissage. C'est donc le meilleur moyen de tester le courage, la témérité, le goût du risque et l'optimisme de votre compagnon.

Réalisez cette petite expérience sur plusieurs jours : installez plusieurs tables de différentes hauteurs et ajoutez ou soustrayez-y divers objets. Observez ensuite (en vous cachant) votre chat sauter sur ces surfaces inconnues. Au bout de quelques jours, vous serez en mesure d'évaluer ses résultats.

☐ Mon chat ne peut atterrir en toute sécurité que sur une surface dégagée. **1 POINT**

☐ Si mon chat dérape ou tombe d'une table, il la délaisse pendant plusieurs jours. **1 POINT**

☐ Je vois souvent mon chat glisser et tomber d'une table, mais il fait toujours une nouvelle tentative. **2 POINTS**

☐ Mon chat glisse s'il atterrit sur une surface humide, mais il finit toujours par s'imposer et trouver un petit bout de table sûr. **3 POINTS**

☐ Mon chat grimpe systématiquement vers un point d'observation privilégié pour mieux évaluer les conditions d'atterrissage. **4 POINTS**

☐ Mon chat est un tout-terrain – il atterrirait même sur la Lune ! Il ne se laisse jamais décourager, quel que soit l'état de la surface inconnue, et réussit toujours à trouver un coin. **5 POINTS**

Test n° 6

Réflexe !

Nos petits félins sont connus pour la qualité de leurs réflexes. Ne dit-on pas qu'un chat retombe toujours sur ses pattes ? Mais le vôtre ? Possède-il de bons réflexes ? Nous allons voir ça.

Choisissez cinq objets de tailles, de formes, de couleurs et de bruits différents. Laissez-les tomber de plusieurs hauteurs à proximité de votre chat – en veillant, bien sûr, à ne pas blesser ni importuner votre matou.

☐ Mon chat met un certain temps à réagir à la chute d'un ou plusieurs objets. À vrai dire, il y attache peu d'attention. **1 POINT**

☐ En général, mon chat suit du regard le mouvement de l'objet. Il est rare que je le voie tourner la tête ou lever une patte dans sa direction. **2 POINTS**

☐ Instinctivement, mon chat bondit sur l'objet ou lui donne un coup de patte. **3 POINTS**

☐ Mon chat dit : « OK, on joue ! » et refuse que j'arrête le test tant que lui n'est pas prêt à s'arrêter. **4 POINTS**

☐ Mon chat prête immédiatement attention à l'objet qui tombe, mais il évalue sa nature avant de décider d'intervenir ou pas. **5 POINTS**

☐ En une fraction de seconde, mon chat trouve un endroit où se placer en embuscade. Pupilles dilatées et toutes griffes dehors, il « élimine » l'objet avant que ce dernier ne touche le sol. **5 POINTS**

Test n° 7

Caporal-chat : c'est lui le chef, ici

Après s'être familiarisé avec son environnement domestique, un chat intègre très vite votre emploi du temps quotidien – l'heure à laquelle vous vous levez, prenez votre douche, vos repas, partez au travail, etc. Il pige tout aussi vite à quels moments de la journée vous lui donnez à manger.

TACTIQUES PAYANTES

Votre chat remporte des points s'il utilise des moyens ingénieux pour avancer l'heure du repas et se faire servir plus vite sa nourriture.

☐ LE HARCÈLEMENT VOCAL : sans doute la forme d'esclavage la plus rudimentaire – votre chat use et abuse des miaulements en vous prenant pour le mur des Lamentations jusqu'à ce que vous lui donniez à manger. **1 POINT**

☐ LA ROUTE BARRÉE : votre chat se plante devant vous et barre l'accès à vos « espaces de détente et de loisir » (le salon, par exemple), vous obligeant à changer de direction et à vous diriger vers des « points de restauration féline » (la cuisine, par exemple). **2 POINTS**

☐ LE TALONNEUR : impatient, votre chat est sur vos talons ; il vous presse, vous pousse hors des pièces sans intérêt culinaire aux pièces à haut intérêt culinaire afin d'accélérer la distribution de son plateau-repas. **3 POINTS**

☐ LES COUPS DE PATTE AU VISAGE : votre chat s'assied sur votre poitrine et vous donne des coups de patte dans la figure jusqu'à ce que vous prêtiez attention à ses besoins urgents. **3 POINTS**

☐ LE RAPPELEUR À L'ORDRE : remarquant que vous n'avez pas exécuté tout à fait dans l'ordre certaines de vos tâches quotidiennes, votre chat vous remet sur les rails en vous pressant vers la cuisine, la salle de bain ou la chambre. **5 POINTS**

☐ LE COUVRE-CHEF MATINAL : rien ne vous alerte davantage de la présence de votre chat – et son besoin de nourriture – que la sensation étouffante d'une bouillote poilue sur la tête qui vous réveille le matin. **5 POINTS**

Test n° 8

Quand un chat voit un arbre…

Pour nous, les espaces naturels, les jardins sont des environnements de passivité et de calme où nous pouvons fuir les contraintes du monde artificiel avec lequel nous sommes obligés de communiquer. Pour un chat, la porte d'entrée de la maison est aussi une porte de sortie, la voie d'accès à une dimension plus sauvage dans laquelle leurs instincts assoupis peuvent se réveiller… ou pas.

Lorsqu'il se retrouve face à un arbre, comment votre chat se comporte-t-il ? Voyez-vous chez lui l'une (ou plusieurs) des réactions suivantes ?

☐ CELA N'ENTRE PAS DANS MES ATTRIBUTIONS : votre chat jette un œil à l'arbre, puis s'en détourne. **1 POINT**

☐ J'AI FAIT FAUSSE ROUTE : votre chat fait un gros effort pour grimper sur le tronc, puis s'arrête à mi-chemin, soudain paralysé. **2 POINTS**

☐ J'ABANDONNE ! : votre chat a réussi à atteindre les branches les plus basses, mais il a présumé de ses forces. Alors il panique et stoppe sa progression. **3 POINTS**

☐ J'Y VAIS TRANQUILLOS (SURTOUT QU'IL Y A DU MONDE LÀ-HAUT) : remarquant qu'un autre animal est déjà en haut de l'arbre, votre chat décide de grimper, lentement mais sûrement. **4 POINTS**

☐ FASTOCHE ! : votre chat grimpe les doigts dans le nez ; il vous montre combien c'est facile pour lui en s'installant confortablement sur l'une des plus hautes branches. **5 POINTS**

☐ LE PRÉDATEUR : votre chat grimpe dans les arbres dans le seul but d'aller embêter les oiseaux ou de bondir sur d'autres victimes qui ne se doutent de rien. **5 POINTS**

DRAMA
QUEEN

Chapitre 2

TESTS LIÉS AU TERRITOIRE

Les chats ont trois objectifs principaux dans la vie : manger (le plus souvent possible), se reproduire (si nécessaire) et prendre du bon temps (aussi souvent que nécessaire). S'ils s'habillaient, ils s'achèteraient des t-shirts avec des inscriptions du style « Nourris-moi », « Je fais mon cinéma » ou « Je suis une bombe sexuelle » et les porteraient sans complexe.

Ces objectifs prioritaires ont fait de nos félins des animaux très attachés à leur territoire : ils ont besoin de surveiller étroitement la zone géographique où ils trouvent leur nourriture et mènent leur vie sociale. Leur domestication a engendré la présence de milliers d'individus dans les mêmes espaces urbains, suburbains ou ruraux, ce qui explique pourquoi des guerres territoriales éclatent régulièrement.

Ce chapitre va vous mettre dans le rôle d'un policier appartenant à la police féline. Vous allez être chargé de surveiller le quartier et d'intervenir en cas de conflit. Cette mission vous permettra d'identifier la position de votre chat dans la hiérarchie locale – à la fois dans le périmètre de votre maison et à l'extérieur, y compris dans les quartiers chauds.

Test n° 1

Casanier ou d’humeur vagabonde ?

Les propriétaires de chats n’aiment guère ce genre de statistiques, mais sachez que si votre chat est actif sexuellement (c’est-à-dire non stérilisé), il a toutes les chances d’aller vagabonder à la recherche de partenaires. On sait que les mâles non castrés peuvent contrôler des territoires jusqu’à dix fois plus étendus que ceux des femelles non stérilisées. Si votre chat a été châtré pour freiner ses ardeurs sexuelles, alors la taille de son territoire sera dictée par la disponibilité des ressources alimentaires – et elle sera appelée à augmenter si la nourriture dans le coin se fait rare.

1
2
3
MENU

Quelle est la taille du territoire où votre chat trouve sa nourriture ?

☐ Tant qu'il a de la nourriture à sa disposition, mon chat quitte rarement la maison. **1 POINT**

☐ Mon chat doit sortir de temps en temps parce que les félins du coin viennent chez nous et volent sa nourriture. **1 POINT**

☐ Mon chat mange à la maison la plupart du temps, mais il aime aller trouver sa nourriture dehors de temps en temps. **2 POINTS**

☐ Mon chat mange d'abord à la maison, puis va quémander chez les voisins. **3 POINTS**

☐ Mon chat fait les poubelles et mange toujours dehors. Il ne vient à la maison que pour compléter sa nourriture. **4 POINTS**

☐ De temps en temps, mon chat disparaît la majeure partie de la journée – et parfois pendant plusieurs jours. **4 POINTS**

☐ Mon chat est quasiment autonome et indépendant de la vie de la maison. **5 POINTS**

Test n° 2

Je marque mon territoire donc je suis

Voici une statistique dont vous vous passeriez bien : environ un chat domestique sur dix va uriner en dehors de son bac à litière au moins une fois dans sa vie, soit pour s'en plaindre, soit pour faire un autre type de déclaration. Les chats peuvent vivre en groupe (s'ils en ont envie), mais ils peuvent aussi choisir d'être totalement indépendants et d'avoir leur propre territoire de façon permanente ou à temps partiel. C'est pourquoi ils marquent leur territoire en faisant pipi ici et là. Mais que veulent-ils dire ?

TACTIQUES PAYANTES

Vous pouvez gagner des points avec chacune des « déclarations de territoire » utilisée régulièrement par votre chat.

TEST A : À L'EXTÉRIEUR DE LA MAISON

☐ L'OBJECTEUR DE CONSCIENCE : « Il y a un conflit qui se prépare dans le coin, et ça m'inquiète un peu. » **1 POINT**

☐ LE GRAFFITEUR : « J'étais là. Suis resté une heure. En ai eu marre. Suis parti. » **2 POINTS**

☐ LE « JE SUIS DE RETOUR DANS 5 MINUTES » : « Je sors un instant – laissez un message et je vous rappellerai dès que possible. » **3 POINTS**

☐ LE DÉTENTEUR D'UN PERMIS DE CONSTRUIRE : « J'ai déposé une demande pour agrandir ce petit bout de territoire afin d'améliorer ma vue sur le parc. Affichez vos commentaires ici. » **3 POINTS**

☐ LE PROMOTEUR IMMOBILIER : « C'est chez moi, ici. Si vous utilisez ce lieu, attendez-vous à payer un loyer – sinon, dehors ! » **4 POINTS**

Bibi
était là

TEST B : À L'INTÉRIEUR DE LA MAISON

☐ J'APPELLE AU SECOURS : « J'ai des problèmes psycho-émotionnels, me payer une thérapie pour travailler sur la source profonde de mon désespoir, ça va vous coûter une fortune. »
1 POINT

☐ DÉMERDEZ-VOUS : « Vous, les humains, vous m'avez énervé, mais je ne vais pas vous dire pourquoi ni comment. À vous de deviner. » **2 POINTS**

☐ PASSEZ-MOI LE DIRECTEUR : « L'état de ce bac à litière est inacceptable. Veuillez résoudre le problème au plus vite. »
3 POINTS

☐ FERMEZ LES FRONTIÈRES : « Vous avez introduit trop de congénères dans la maison. Mon territoire est compromis. Revoyez votre politique en matière d'immigration. »
3 POINTS

☐ JE N'AI PAS VU LA NOTE DE SERVICE : « Vous avez fait des changements dans la maison et je ne les ai pas approuvés. »
4 POINTS

Test n° 3

Les guéguerres territoriales

La coexistence pacifique des chats de votre quartier dépend du nombre de sources de ravitaillement disponibles. S'il existe de nombreux fast-foods dans chaque territoire, avec des poubelles en libre accès et des chatières peu sécurisées au sein de la population locale d'amoureux des chats, l'harmonie règne. Mais si la pénurie de nourriture menace, votre chat peut rencontrer des insurgés et/ou des poches de résistance le long des frontières de son territoire.

TACTIQUES PAYANTES

Comment votre chat gère-t-il les conflits territoriaux extérieurs ? Il peut avoir des circonstances atténuantes, mais pas systématiquement. Alors cochez les propositions qui lui correspondent.

☐ LE DÉGONFLÉ QUI NE FAIT PAS DE BRUIT : votre chat fait marche arrière et retourne en sécurité dans sa maison – très doucement, sur la pointe des pattes, pour ne pas être entendu. **1 POINT**

☐ LE PRUDENT : votre chat inspecte son environnement pour être certain qu'il n'y a pas de congénère à proximité. Puis il se glisse dehors. **1 POINT**

☐ LE FROUSSARD : votre chat file se mettre à l'abri, terrifié, craignant d'être poursuivi par ses ennemis. **1 POINT**

☐ LE COMBATTANT : les queues se gonflent et s'agitent, les regards se fixent, les miaulements déchirent l'atmosphère. Votre chat affronte un autre félin. Ils font match nul. Aucun des deux ne bat en retraite jusqu'à ce que des fenêtres s'ouvrent pour faire retomber la tension. **3 POINTS**

☐ LE CAMBRIOLEUR : votre chat observe son voisin sortir, puis se faufile à travers la chatière de la maison d'à-côté. Après son cambriolage, il laisse un marquage odorant pour dire : « Merci pour les croquettes, pigeon. » **4 POINTS**

☐ L'ESCROC SÛR DE LUI : votre chat fait tout un baratin à votre voisin qui possède une chatière commandée par une micro-puce pour son chat à lui, le plus poltron des sacs à puces. Votre chat se glisse à l'intérieur pendant que le système est désactivé, dérobe de la nourriture et s'esquive en un clin d'œil. Tous les chats du coin sont unanimes pour dire que votre matou a de quoi être fier de lui. **6 POINTS**

Test n° 4

Aux armes, citoyens félins !

Supposez que votre chat cherche la bagarre dans la jungle urbaine (ou suburbaine). Il veut défendre son territoire ou pénétrer celui d'un congénère. Quel est son style de combat griffe-à-griffe préféré ?*

---

*Si votre chat est un objecteur de conscience (voir page 46), vous pouvez faire une croix sur tous les points à gagner dans le cadre de ce test.

☐ LA COMÉDIE FACIALE : votre chat siffle, crache et montre les dents – un bon moyen de gagner du temps pour décider s'il va attaquer, se défendre ou prendre la fuite. **2 POINTS**

☐ LE GRAND BLUFF : votre chat fait la grosse queue et le gros dos pour impressionner son adversaire, mais finalement il recule devant un véritable engagement physique. **2 POINTS**

☐ LE COUP D'ENVOI : votre chat intimide son adversaire en lui donnant une claque avec sa patte (griffes rentrées) avant que l'autre ait le temps de dire ouf. Un à zéro. **3 POINTS**

☐ LE DÉFI À LA CARMEN : votre chat engage son adversaire dans une confrontation interminable en l'encerclant d'un air agressif et en martelant le sol avec ses pattes, sur un rythme saccadé, comme un danseur de flamenco. **4 POINTS**

☐ LA MISE EN FUITE : votre chat réussit souvent à obliger son adversaire à sortir de scène et prendre la fuite.
4 POINTS

☐ LE SANDWICH À LA CHAIR À PÂTÉ : votre chat réussit souvent à acculer son ennemi en le coinçant et à en faire la délicieuse garniture de son sandwich. **5 POINTS**

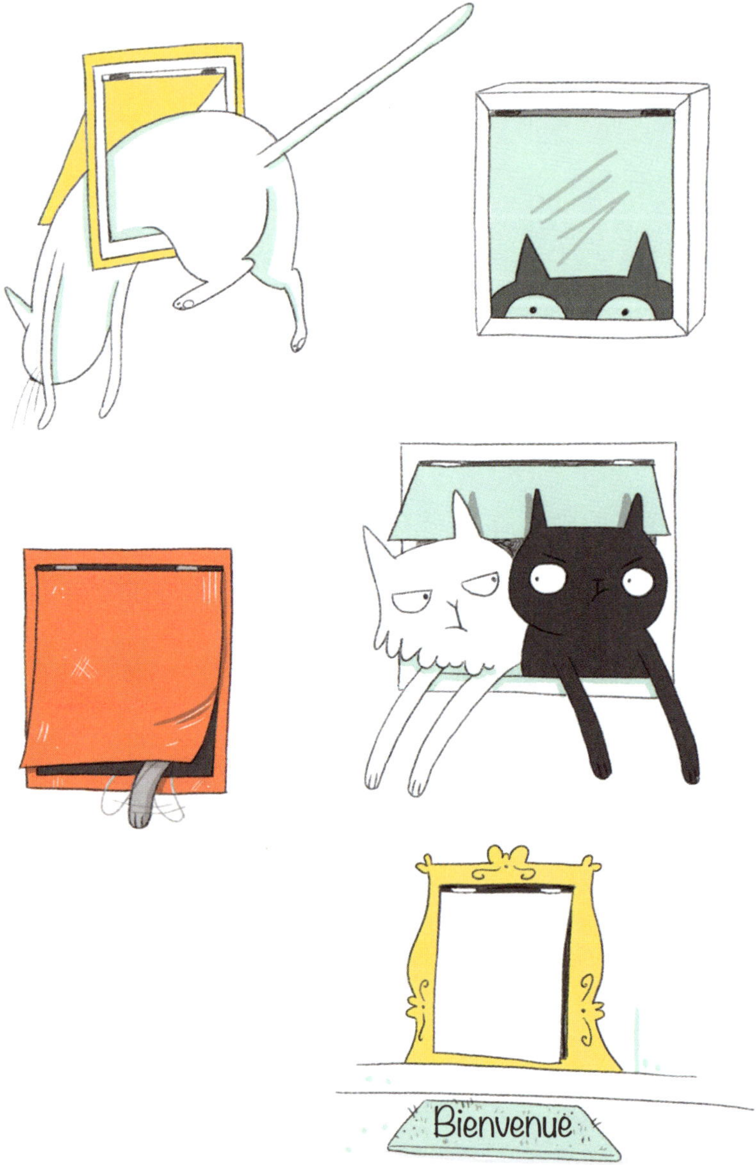
Bienvenue

Test n° 5

La chatière ou le contrôle aux frontières

Si les murs de votre habitat sont ses frontières politiques, alors la chatière sert de contrôle aux frontières. Votre chat est en mesure de contrôler le trafic félin, les mouvements migratoires, les entrées et sorties du territoire – et vous n'y pouvez rien, à moins d'organiser un référendum. Le pouvoir d'un chat sur la politique d'immigration est appelé, en Europe, *L'Art de manier la chatière,* et voici comment votre compagnon peut remporter des points pour votre foyer – ou pas.

Votre chat utilise sa chatière principalement pour :

☐ Faire des allées et venues entre la maison et l'extérieur sans déranger les humains. **1 POINT**

☐ Échapper aux conflits extérieurs et aux troubles de la maison (le passage de l'aspirateur, par exemple). **1 POINT**

☐ Fixer du regard les chats étrangers alors qu'il est en sécurité dans la cuisine. **2 POINTS**

☐ Faire sa toilette. Le cadre de la chatière, une sorte de bourrelet de porte, peut être utilisé pour stimuler la pousse du poil ou ôter les poussières indésirables. **3 POINTS**

☐ Donner des coups à ses congénères en repoussant le battant de la chatière vers l'extérieur (cela mérite un bonus réservé au sens du comique de votre animal). **5 POINTS**

☐ S'exprimer artistiquement. Lorsque votre chat entre et sort, le battant de la chatière peut être barbouillé de boue et de détritus pour des créations du plus bel effet. **5 POINTS**

☐ Aller visiter d'autres maisons et profiter gratis de repas supplémentaires, de couchages, de jouets et de câlins en veux-tu-en-voilà. **6 POINTS**

Test n° 6

Cerné par la Patrouille féline ?

« C'est le FBI – personne ne bouge ! »
Votre chat est-il à l'aise avec les lois et règlements intérieurs des humains ? Ou êtes-vous de plus en plus souvent mis sur écoute et surveillé par une sorte de bureau d'enquête félin (Feline Bureau of Investigation) ?

TACTIQUES PAYANTES

Voici quelques-uns des modes de surveillance et de reconnaissance que votre chat est susceptible d'appliquer.

☐ Votre chat inspecte tous les jours l'ensemble du périmètre de votre maison. **1 POINT**

☐ Votre chat vous renifle et vous examine sous toutes les coutures à chaque fois que vous rentrez du travail. Ce n'est pas de l'affection – vous subissez une inspection des services de l'immigration. **2 POINTS**

☐ Votre chat laisse toutes sortes d'objets éparpillés par terre. Dès que vous poussez ou déplacez ces objets, il suit vos mouvements à la trace. **3 POINTS**

☐ Durant les périodes de sécurité renforcée, votre chat peut, dès l'aube, mener toute une série de raids dans votre chambre. Vous serez réveillé brutalement et soumis à un interrogatoire poussé. **4 POINTS**

☐ Votre chat effectue des marquages urinaires dans certaines pièces et sur certains objets. Cela signifie qu'il a maille à partir avec un animal ou membre du foyer avec qui la cohabitation se passe mal. Vous avez pu être « assigné en justice ». **5 POINTS**

Test n° 7

Un ours, votre chat ?

Comme on l'a vu, le chat domestique peut être un animal territorial et solitaire. C'est dans son ADN. Son cousin, le tigre de Sibérie, revendique un territoire de près de 500 km^2, et j'imagine que vous n'aimeriez pas vous y frotter – alors que votre chat peut avoir des prétentions beaucoup plus modestes et ne considérer comme chasse gardée que l'espace allant du lave-linge à la porte d'entrée... Toutefois, ce n'est pas une raison pour violer ses quelques mètres carrés privés. Et lorsque vous avez des visiteurs, cela le perturbe-t-il ?

Lorsque l'on sonne à la porte, quelle est la réaction habituelle de votre chat ?

☐ C'est le sauve-qui-peut... Votre associable joue de la chatière. **1 POINT**

☐ Votre chat choisit un point d'observation (généralement en hauteur) d'où il peut apercevoir l'intrus en toute sécurité. **2 POINTS**

☐ Balayage à 360 degrés : votre chat fait au moins une fois le tour complet de l'invité ou des invités, en gardant ses distances. **3 POINTS**

☐ La familiarité engendre le pouvoir – votre chat se pointe aussitôt, l'échine souple, le dos voluptueusement arqué, pour récolter quelques bonnes caresses. **4 POINTS**

☐ Votre chat saute sur les épaules du visiteur (venu de nulle part) et se sert de son propre corps comme outil de prélèvement d'un échantillon ADN de cette personne. Il est ensuite emmené au labo (situé juste derrière le lave-linge) pour analyse. **5 POINTS**

Test n° 8

Sa Majesté et ses sujets

Un groupe de chats domestiques s'appelle une « colonie ». Lorsqu'ils vivent ensemble – soit à la maison, soit dehors – les chats affichent des rapports hiérarchiques de domination, de passivité et de soumission au sein de leur colonie.*

*Si vous avez plusieurs chats à la maison, observez un sujet à la fois ; cela vous permettra d'évaluer précisément le comportement de chacun des membres de votre colonie.

En présence de congénères, comment se comporte votre chat ?

☐ INFÉRIORITÉ : au moment des repas, le sujet testé est souvent interrompu par des congénères qui tentent de manger dans sa gamelle. **0 POINT**

☐ INSÉCURITÉ : le sujet testé recherche fréquemment le contact humain ou votre approbation quand des congénères sont autour de lui. **2 POINTS**

☐ INDÉPENDANCE : si une pièce est occupée par des congénères, le sujet testé quitte la pièce pour se chercher son propre espace. **3 POINTS**

☐ RAPPEL À L'ORDRE : si un congénère plus jeune ou socialement inférieur cherche des noises au sujet testé, ce dernier est capable de le clouer au sol d'un coup de patte. **4 POINTS**

☐ PROTESTATIONS VOCALES : si le sujet testé est mécontent du comportement d'un ou plusieurs membres du groupe, il le fait savoir *via* une série de protestations vocales brèves, mais intenses. **4 POINTS**

☐ SOUVERAINETÉ : lorsque le sujet testé entre dans une pièce, les autres chats se lèvent et abandonnent les endroits les plus confortables pour le laisser accéder au trône. **5 POINTS**

Test n° 9

Les lieux réquisitionnés

Les chats revendiquent le meilleur de chaque situation : ils aiment être libres, mais ils aiment aussi avoir leur territoire et jouir d'un certain statut au sein de la maisonnée – deux éléments importants que vous pouvez leur offrir, à condition de leur prêter « juste assez » d'attention, ni trop ni trop peu. De temps en temps, votre animal va vous rappeler vos obligations à son égard en allant squatter un endroit qui compte pour vous. Son message est clair : « Même si cet endroit est important pour toi, à cet instant précis je serai toujours un peu plus important. »

TACTIQUES PAYANTES

Si votre chat prend possession d'un ou plusieurs de ces lieux, il remporte des points.

☐ Il s'assied sur le mode d'emploi du montage d'un meuble dont vous avez bien du mal à assembler les pièces. **2 POINTS**

☐ Il s'assied sur la clé Allen dont vous avez justement besoin pour monter votre meuble en kit (voir ci-dessus). **2 POINTS**

☐ Il s'assied sur votre lettre de candidature pour un nouveau poste. **3 POINTS**

☐ Il s'assied sur la tenue vestimentaire que vous avez préparée pour votre entretien d'embauche (voir ci-dessus). **4 POINTS**

☐ Il s'étend de tout son long sur le clavier d'un ordinateur portable qui vous a coûté la peau des fesses. **4 POINTS**

☐ Il s'installe confortablement dans le nécessaire de voyage apporté par votre nouveau ou nouvelle petit(e) ami(e) et compte y passer la nuit. **5 POINTS**

Test n° 10

Le colonialisme félin

Ce test est une extension du test précédent (voir page 70), vous allez adorer le répéter. Trouvez une surface où vous pouvez marquer une sorte de « territoire temporaire » (par exemple, formez un espace circulaire avec une ficelle ou une corde, tracez un carré à la craie sur le sol du garage ou délimitez un périmètre sur le tapis avec du ruban de masquage).

Combien de temps votre chat met-il à venir s'asseoir au milieu de ce nouveau territoire politique ? Créez ensuite d'autres périmètres à différents endroits et répétez le test jusqu'à pouvoir vous faire une idée assez précise du temps de réaction de votre colon à fourrure.

- ☐ Absence de réaction **0 POINT**
- ☐ 5 minutes **1 POINT**
- ☐ 1 minute **2 POINTS**
- ☐ 30 secondes **3 POINTS**
- ☐ 10 secondes **4 POINTS**
- ☐ Moins de 5 secondes **5 POINTS**

UN BONUS À LA CLÉ ?

Pendant que votre chat est en train de faire le test, créez plusieurs autres territoires temporaires – dans la même pièce ou habitation – et voyez lequel il préfère. S'il choisit le territoire le plus vaste, accordez-lui un point supplémentaire.

Test n° 11

Le tao des chats et des chiens

Nous sommes conditionnés – et des dessins animés comme *Tom et Jerry* y sont pour beaucoup – pour penser que les chiens et les chats ne peuvent tout simplement pas cohabiter. Pourtant, certains foyers progressistes n'hésitent pas à faire vivre les deux espèces dans un même lieu et, aux dernières nouvelles, on ne dénombre aucune victime. Si vous aussi vous avez un matou et un toutou sous votre toit, pouvez-vous dire qui fait la loi ?

Voici quelques façons d'observer la dynamique en constante évolution entre vos deux colocataires.

☐ LE GRAND CHIEN : dans l'hémisphère Sud, il existe une constellation appelée le Grand Chien. C'est écrit dans les étoiles : votre chien l'emportera toujours sur votre chat. **0 POINT**

☐ JAMAIS LES DEUX ENSEMBLE : votre chat refuse catégoriquement d'occuper une pièce où se trouve – ou s'est trouvé récemment – votre chien. **1 POINT**

☐ ZONES DÉMILITARISÉES : vos deux compères ont passé un accord tacite stipulant que chacun exerce une autorité pleine et entière sur certains espaces de la maison et/ou du jardin. **2 POINTS**

☐ BAS LES PATTES ! : votre chat emploie tous les moyens – il siffle, grogne et montre les dents – pour tenir votre chien à une distance d'environ 3 mètres. **3 POINTS**

☐ REPOS ! : votre chat et votre chien se sont faits à leurs différences il y a bien longtemps. Soit ils cohabitent dans une harmonie qui vous donne la nausée, soit ils s'ignorent totalement. **4 POINTS**

☐ IMMOBILISATION STYLE VELCRO : les chiens se précipitent souvent sur les chats – tantôt avec une intention violente, tantôt pour les taquiner. Quoi qu'il en soit, votre matou remet les pendules à l'heure en lui transperçant les pattes de devant avec ses griffes. Votre chien a bien du mal à se dégager de cet instrument de torture… Quelle humiliation ! **5 POINTS**

Chapitre 3

MÉTÉO ET RELATION AU COSMOS

En général, les chats aiment disposer d'un large champ d'action et d'une grande liberté de manœuvre pour mener leurs opérations et échanges quotidiens ; en gros, ils restent à la maison quand ça leur chante et sortent quand ça leur chante. Toutefois, cette flexibilité éminemment féline dépend de leur capacité à tolérer certaines conditions passablement agaçantes sur lesquelles ils n'ont aucun contrôle – par exemple, le temps qu'il fait, la rotation de la Terre et l'interaction entre tous les phénomènes physiques dans l'univers.

Un jour, les chats auront suffisamment évolué pour pouvoir influencer ces conditions extérieures – mais, pour le moment, ils doivent s'y adapter. Dans ce chapitre, vous pourrez évaluer, à l'aide de tests, dans quelle mesure votre félin est branché au Grand Tout et ne fait qu'un avec l'univers.

Test n° 1

Un temps à mettre un chat dehors ?

Le grand écrivain américain Ernest Hemingway a écrit une nouvelle intitulée *Un chat sous la pluie*. Elle fait état d'un phénomène étrange chez nos petits félins : ils aiment parfois rester dehors quand il pleut des cordes alors qu'ils n'apprécient pas particulièrement se faire mouiller. Le style concis de l'auteur traduit parfaitement l'efficacité typiquement féline – et la capacité de cet animal à rester dehors par tous les temps tout en refusant d'être affecté par les intempéries.

Quelle est la réaction de votre chat en voyant qu'il commence à pleuvoir ?

☐ COURAGE, FUYONS ! : il disparaît à l'intérieur, bien au chaud. Fin de l'histoire. **1 POINT**

☐ ÉVALUATION DU RAPPORT COÛT-BÉNÉFICE : il accueille les premières gouttes de pluie, par curiosité naturelle, mais ne tarde pas à réaliser que son poil peut vite devenir très humide, froid et emmêlé. **2 POINTS**

☐ ACTIVATION DES PROTECTIONS NATURELLES : il gonfle son duvet (sous-poil isolant) et se dirige vers un endroit plus abrité. **3 POINTS**

☐ LE COUPE-VENT : si le temps est venteux, votre chat utilise un écran de protection naturel ou artificiel pour éviter de ressembler à un épouvantail. **3 POINTS**

☐ LA MUSIQUE D'AMBIANCE : votre chat trouve un abri et adopte une position ramassée, ultracompacte – ne donnant prise à aucun courant d'air. Puis il écoute calmement le bruit de fond qu'est la pluie qui tombe. **4 POINTS**

☐ LA PRESCIENCE FÉLINE : il était une fois un chat qui avait prédit qu'il pleuvrait et qui a donc organisé un petit goûter sympa sous la véranda. **5 POINTS**

Test n° 2

Hydrophobe ou hydrophile ?

Vous êtes un propriétaire de chat très responsable, n'est-ce pas? Vous protégez systématiquement votre créature à fourrure de l'eau et de l'humidité en lui offrant un environnement domestique suffisamment chaud et sec? C'est parfait, mais dans certains cas, vous l'encouragez à développer une franche aversion pour tout ce qui est mouillé. Pour connaître la réaction de votre chat face à une pomme de douche ou un robinet qui coule, faites ce test.

Parmi les attitudes suivantes, quelle est celle qui décrit le mieux la réaction de votre chat devant un robinet ouvert ?

☐ L'ALLERGIE TOTALE : il déguerpit à la vitesse de la lumière dès qu'il voit de l'eau. **0 POINT**

☐ LA VOCATION RATÉE : il reste assis des heures à regarder le robinet dans l'espoir de voir le plus infime des filets d'eau couler. « Ah ! si j'étais plombier… » **1 POINT**

☐ PAS MAL LE PEIGNOIR DE BAIN ! : il est assez content de se faire doucement frotter par une serviette chaude et humide. **2 POINTS**

☐ LE QUART D'HEURE DE SPORT : il adore le base-ball – « Et hop ! je frappe la goutte-balle avec ma patte-batte dès qu'elle tombe du robinet. » **3 POINTS**

☐ LE STYLE RUSTIQUE : votre chat boit au robinet aussi souvent que dans sa gamelle. **4 POINTS**

☐ L'EFFICACITÉ DE LA VACCINATION : après être tombé dans l'eau au moins une fois et ayant survécu pour raconter sa mésaventure, votre chat est désormais à l'aise avec l'immersion totale. **5 POINTS**

Test n° 3

Un chat actif entre chien et loup ?

Nous, les humains, possédons un champ de vision d'environ 180 degrés ; les chats nous battent avec leurs 200 degrés. Mais leur supériorité sur nous ne s'arrête pas là. Leur vision périphérique est tout aussi impressionnante : ils détectent dans l'immédiat des animaux ou des objets en mouvement à l'extrême périphérie de leur champ visuel. Quant à leurs yeux, ils renferment beaucoup plus de cellules en bâtonnets que les nôtres, ce qui leur permet de voir infiniment mieux dans la pénombre.

TACTIQUES PAYANTES

Tout cela fait de votre chat une bête potentiellement active à l'aube, au crépuscule et dans la pénombre, durant ces heures sinistres où son âme de chasseur se réveille. Êtes-vous déjà tombé sur l'une ou plusieurs des choses suivantes ?

☐ Une babiole cassée dans la maison (le résultat des déplacements maladroits de votre chasseur-cueilleur pendant la nuit). **1 POINT**

☐ Un tissu, un vêtement ou un jouet mou complètement déchiré (que votre chat a pris pour une petite créature vivante). **1 POINT**

☐ Une blessure mystérieuse sur votre chat (le résultat d'une tentative mal calculée de capture de petite créature vivante). **1 POINT**

☐ Une souris morte (ou des morceaux de souris morte). **3 POINTS**

☐ Mieux qu'une souris morte : les traces d'un terrible carnage. **4 POINTS**

☐ Un oiseau mort et/ou une collection ornithologique de plumes laissées à un endroit, mais pas de cadavre. **5 POINTS**

Test n° 4

Un chat à la belle étoile ?

Ah ! l'obscurité… Tombée du ciel, elle laisse carte blanche à nos petits félins. Certains chats profitent de la nuit pour se livrer à des orgies, tandis que d'autres sont nettement moins enthousiasmés par son inquiétante étrangeté. Où votre animal se trouve-t-il le plus souvent la nuit ? Sur les toits ou sous la table basse ?

TACTIQUES PAYANTES

Quelles sont les activités favorites de votre chat durant la nuit ? Observez-le et voyez de quoi il retourne en cochant les cases appropriées.

☐ Il dort (en plus de ses petits sommes dans la journée). **0 POINT**

☐ Il s'accouple et/ou mène une vie sociale. **1 POINT**

☐ Il cherche la bagarre. **2 POINTS**

☐ Il cherche des restes alimentaires. **2 POINTS**

☐ Il surveille le voisinage. **3 POINTS**

☐ Il chasse des proies vivantes qu'il rapporte fièrement à la maison le lendemain matin. **3 POINTS**

Test n° 5

Du chat vient la lumière ?

Les chats étaient vénérés dans l'Égypte ancienne. Quiconque faisait du mal à un minou subissait une lourde peine. Les Égyptiens étaient aussi de fins observateurs de la voûte céleste – ils croyaient en une déesse du Ciel, Nout, dont le corps était composé d'étoiles. Ils vénéraient tout autant leur déesse chatte, Bastet, la fille de Rê, le dieu du Soleil.

Alors, les Égyptiens étaient-ils dans le vrai à votre avis ? Croyez-vous que votre chat est branché au cosmos et sensible aux mouvements de l'univers ? Est-il susceptible de savoir où se trouve le boson de Higgs ?

TACTIQUES PAYANTES

☐ Mon chat ne lève jamais les yeux vers le ciel. Il est bien trop intimidé par l'immensité insondable du cosmos. **0 POINT**

☐ Mon chat aime rester assis sous un ciel nocturne parfaitement dégagé, c'est le signe qu'il ne va pas pleuvoir dans l'immédiat. **1 POINT**

☐ Mon chat aime les choses qui brillent, dont la lune et les étoiles. **2 POINTS**

☐ Mon chat se met toujours devant la télé s'il y a un documentaire sur l'espace. **3 POINTS**

☐ Mon chat semble savoir exactement à quel moment la station spatiale internationale va passer au-dessus de sa tête. **4 POINTS**

☐ Mon chat semble diriger un club d'astronomie pour les félins du coin. **5 POINTS**

☐ Mon chat n'a pas besoin de regarder le ciel nocturne. Il sait déjà que l'univers tourne autour de son petit nombril. **5 POINTS**

Chapitre 4

TESTS PSYCHOLOGIQUES

Certains chats savent se faire entendre et n'ont aucun mal à obtenir gain de cause. D'autres beaucoup moins. Les miaulements de nos petits félins sont tantôt clairs comme de l'eau de roche (s'ils se rapportent à la nourriture), tantôt terriblement sibyllins et pires qu'un casse-tête chinois. C'est pourquoi ils utilisent aussi d'autres modes de comportement pour nous briefer sur leurs humeurs et leurs motivations. Votre animal est-il un livre ouvert ou un sésame qui ne s'ouvre jamais? Si son mental est plutôt du genre tortueux, les tests et activités suivants vont vous aider à démystifier l'énigme à quatre pattes qui trotte dans votre maison.

Test n° 1

Le sens de l'humour ou trop d'amour-propre ?

Votre chat est-il doté d'un bon sens de l'humour? Ces petites créatures semblent avoir un sens naturel de la bouffonnerie, mais elles ont souvent du mal à comprendre leur propre génie comique.

HA
HA
HA
HA
HA
HA
HA
HA
HA
HA

Installez un piège bien inoffensif (par exemple, arrangez-vous pour que des objets mous tombent sur votre chat quand il ouvre une porte ou rendez le sol de la cuisine un peu glissant avant qu'il ne rapplique pour le dîner). Notez ensuite sa réponse face à cette situation humiliante.

☐ Mon chat a déclenché le piège et a aussitôt cru que c'était l'Apocalypse ! Du coup, je ne l'ai pas revu pendant plusieurs heures. **1 POINT**

☐ Après avoir activé le piège, mon chat s'est lancé dans une série de vives protestations vocales qui voulaient dire : « C'est pas drôle. T'es pathétique. Ne refais plus jamais ça. » **2 POINTS**

☐ Mon chat a réagi sur l'instant, mais ensuite il a fait comme si rien ne s'était passé. **3 POINTS**

☐ Mon chat a été effarouché sur le moment, mais il a vu dans mon piège un prélude à une séance de jeu. En quelques secondes, son humiliation était oubliée. **4 POINTS**

☐ Mon chat a regardé le piège, humilié à mort, puis m'a foudroyé du regard avant de continuer à vaquer à ses occupations. **5 POINTS**

Test n° 2

Attraction fatale

Les chats sont souvent attirés vers des gens qui, fondamentalement, ne les portent pas dans leur cœur. Vraiment ? Et le vôtre ?

Un ami à vous, qui souffre d'ailurophobie (la peur des chats), vous rend visite. Quelle est la réaction de votre matou en le voyant arriver ?

☐ Mon chat se rend compte que mon ami n'établit pas de contact visuel avec lui. Et l'absence de contact visuel est synonyme de comportement de soumission. Ne se sentant pas menacé, il vient se frotter contre les jambes de mon invité. **3 POINTS**

☐ Ne recevant aucun signe d'attention ou d'intérêt de la part de mon ami, mon chat perçoit cette personne comme le grand défi du jour à relever. Par conséquent, il va tout faire pour susciter une réaction, aussi violente soit-elle. **4 POINTS**

☐ Mon chat a déjà réussi à capter l'attention de tous les membres du foyer, alors à chaque fois qu'une nouvelle personne arrive, elle doit être intégrée à la hiérarchie féline aussi vite que possible. **5 POINTS**

Test n° 3

Un téléspectateur assidu ?

Tous les chats possèdent une ouïe et une vue extrêmement développées. Ils voient en deux et en trois dimensions, et savent distinguer certaines couleurs. Alors il n'y a aucune raison qu'ils ne prennent pas plaisir à regarder la télé. Mais vers quels programmes votre compagnon serait-il attiré ?

TV
GUIDE

TACTIQUES PAYANTES

Lorsque vous le testez, votre chat prête-t-il attention à un ou plusieurs des programmes suivants ?*

- ☐ Cinéma d'animation pour jeune public **1 POINT**
- ☐ Sitcom **1 POINT**
- ☐ Actualités **2 POINTS**
- ☐ Émissions politiques **3 POINTS**
- ☐ Documentaires historiques **4 POINTS**
- ☐ Cinéma mondial ou policiers **5 POINTS**

*Pour les besoins de ce test, partons du principe que votre chat a été capable de rester concentré sur l'écran télévisé pendant plus d'une minute.

Test n° 4

La chasse au trésor

Votre chat est-il sur la même longueur d'ondes que vous, multipliant les échanges, toujours prêt à vous suivre ? Ou est-il plutôt enclin à l'introspection – détaché et concentré uniquement sur la vie mouvante et insaisissable de sa conscience ?

Froissez du papier aluminium ou du papier brillant pour en faire des boulettes de taille égale. Cachez-les dans des endroits de la maison ou du jardin que votre chat fréquente. Les ignore-t-il ou participe-t-il de bon cœur à cette chasse au trésor ?

☐ Mon chat n'a manifesté aucun intérêt pour cette chasse au trésor. J'ai dû retirer toutes les boulettes cachées parce qu'elles commençaient à prendre la poussière. **0 POINT**

☐ Mon chat a remarqué la présence de ces boulettes après un moment, mais il ne s'y est pas vraiment intéressé. **1 POINT**

☐ Mon chat a commencé à dénicher ces petits objets brillants qui ont attiré son attention, mais il s'est très vite lassé de ce jeu. **2 POINTS**

☐ Mon chat a découvert une ou deux boulettes, mais il a abandonné les autres, trop occupé à jouer avec les premières dans toute la maison. **3 POINTS**

☐ Mon chat a clairement compris le truc et fini par dénicher tous les trésors cachés. **4 POINTS**

☐ Mon chat a découvert plusieurs boulettes, mais il a refusé de toutes les dénicher de peur d'être assimilé à un chien. **5 POINTS**

Test n° 5

Un petit coup de blues ?

Sérieusement : un chat qui a des coups de blues, c'est pas une bonne chose. Si votre compagnon manifeste régulièrement des signes de déprime, prenez des mesures pour tenter d'identifier le problème.*

*Emmenez votre chat passer un bilan de santé chez le vétérinaire. La déprime peut être le signe d'un problème médical. Votre vétérinaire saura vous donner des conseils pour le requinquer et lui redonner le moral.

NOTE SUR LE COMPTAGE DES POINTS

Les points sont attribués ici par ordre décroissant. Des petits accès de déprime de courte durée peuvent signifier que votre chat est un être ultrasensible, mais capable de retrouver rapidement son humour légendaire ; en revanche, s'il est constamment déprimé, attribuez-lui un score faible ou enlevez-lui un point.

Votre chat…

☐ Néglige-t-il sa toilette et son hygiène habituelles ? **3 POINTS**

☐ Miaule-t-il et fait-il des vocalises plus souvent que d'habitude ? **3 POINTS**

☐ Envoie-t-il des jets d'urine en dehors de son bac à litière ou dans des endroits inhabituels ? **2 POINTS**

☐ Mange-t-il moins ou s'abstient-il de manger certains jours ? **2 POINTS**

☐ Se cache-t-il et vous évite-t-il ? **1 POINT**

☐ Devient-il plus agressif, à la fois physiquement et vocalement ? **1 POINT**

Test n° 6

Le langage du bac à litière

Qu'il y a-t-il dans les matières fécales et l'urine déposées dans le bac à litière de votre chat ? Je ne parle pas de leur composition chimique mais des états psychologiques que votre animal exprime à travers son rapport au bac à litière.

TACTIQUES PAYANTES

Votre chat gagne des points s'il réussit à vous transmettre un ou plusieurs des messages suivants.

☐ JE SUIS UN PEU STRESSÉ : votre chat a uriné ou déféqué en dehors de son bac à litière. **1 POINT**

☐ J'APPLIQUE LA LOI DU TALION : votre chat néglige la propreté de son bac à litière parce que vous avez négligé la propreté de sa maison. **2 POINTS**

☐ JE VEUX MON ESPACE PRIVÉ : si trop de chats utilisent le même bac à litière, votre animal peut cesser de l'utiliser jusqu'à ce que vous mettiez à sa disposition un espace plus personnel. **3 POINTS**

☐ J'ATTENDS LA FEMME DE MÉNAGE : votre chat refuse d'utiliser son bac tant que vous ne l'avez pas nettoyé à fond et que vous n'avez pas changé sa litière. **4 POINTS**

☐ JE RÉCLAME DE MEILLEURES CONDITIONS ENVIRONNEMENTALES : votre chat n'est pas satisfait de l'emplacement de son bac à litière. Il daignera le réutiliser si vous lui offrez une plus belle vue – sur la mer, par exemple – ou une exposition plein sud. **5 POINTS**

Test n° 7

Gros dormeur ?

Si votre chat dort beaucoup, c'est soit parce qu'il a le cafard (voir p. 108), soit parce qu'il adore cet état d'inconscience terriblement voluptueux. Mais saviez-vous que s'il est un champion du sommeil, il pourrait attirer l'attention de la NASA ? Elle recherche des gens et des animaux capables de gérer les voyages interstellaires en… dormant presque tout le trajet. Votre boule de poils pourrait peut-être postuler pour participer à un programme spatial ? Qu'en dites-vous ?

Ce sont les plus gros dormeurs qui remportent le plus de points. Mais quand c'est trop, c'est trop.

Mon chat dort fréquemment…

☐ 12 heures par jour **2 POINTS**

☐ 12 à 14 heures par jour **3 POINTS**

☐ 14 à 16 heures par jour **5 POINTS**

☐ 16 à 18 heures par jour **2 POINTS**

☐ 18 à 20 heures par jour (soit tout le temps qu'il ne passe pas à manger)* **1 POINT**

---

*Même si une telle dose de sommeil est impressionnante, l'excès de sommeil peut aussi indiquer que votre chat ne va pas bien. Alors si dormir autant n'est pas dans ses habitudes, conduisez-le chez le vétérinaire.

Chapitre 5

SURNATUREL ET SIXIÈME SENS

Les chats exercent un pouvoir énigmatique, étrange et surnaturel sur nous, les humains. Est-ce la réalité ou une vue de notre esprit ? Depuis que nous les avons domestiqués, nous les associons à des choses qui ne sont pas de ce monde… Les anciens Égyptiens les ont élevés au statut divin et les protégeaient grâce aux lois de leur civilisation. Mais y a succédé un retour de manivelle. C'est au Moyen Âge que le vent a tourné contre une population féline en forte croissance, lorsque les gens ont commencé à associer les chats au paganisme, au culte du diable et à la sorcellerie. Accusés d'apporter le malheur au foyer, ils étaient craints et fuis comme la peste lors des époques troublées. Une partie de ces croyances a survécu et certaines personnes continuent d'attribuer des pouvoirs surnaturels aux chats ou, plus rarement, de les considérer comme des créatures funestes. Mais c'est peut-être tout bonnement ce que nous voulons croire. Après tout, l'idée que les chats puissent nous relier psychiquement à un autre monde – au royaume du paranormal – est plutôt séduisante, non ?

Test n° 1

Pouvoirs magiques ?

Notre monde regorge de superstitions concernant les chats. Parmi ces contes de bonnes femmes, combien reflètent réellement le comportement de votre chat ?

TACTIQUES PAYANTES

Vous pouvez marquer des points pour chacun des scénarios que vous avez observés.

☐ HUMOUR NOIR : j'ai un chat noir. Il joue délibérément sur les peurs et superstitions des gens en se mettant sur leur chemin, lançant des sarcasmes jusqu'à ce qu'ils soient obligés de le chasser. **2 POINTS**

☐ À MES SOUHAITS : à chaque fois que j'entends mon chat éternuer, je constate que la chance m'accompagne tout au long de la journée. **2 POINTS**

☐ PORTE-MALHEUR : s'il m'arrive de maltraiter mon chat, j'ai la poisse pendant plusieurs jours. **2 POINTS**

☐ BULLETIN MÉTÉO AMBULANT : souvent, il pleut juste après que mon chat ait passé la patte derrière l'oreille. **2 POINTS**

☐ SIGNE ANNONCIATEUR DE TRAHISON : à chaque fois que je rêve de mon chat, je sais qu'un coup fourré se prépare. **3 POINTS**

LOTO
LOTO
LOTO
100 000
Loto
1 000 000 à gagner !!

Test n° 2

Dons paranormaux ?

N'y allons pas par quatre chemins : votre chat est-il capable de voir les défunts ?

TACTIQUES PAYANTES

☐ Nous avions un chat, qui est mort. Notre nouveau compagnon semble passer beaucoup de temps à tourner autour des endroits où son prédécesseur avait l'habitude de s'asseoir et de dormir, à les renifler ou à les fixer des yeux. **2 POINTS**

☐ Mon chat se comporte très différemment dans des lieux sacrés. **3 POINTS**

☐ Parfois, mon chat fixe un point dans la pièce ou sur le plafond, puis se met à siffler et à cracher. Après un moment, soudain, il reprend son comportement normal. **4 POINTS**

☐ Mon chat sent les choses avant qu'elles n'arrivent – par exemple, il se déplace ou quitte la pièce juste avant que quelqu'un renverse une boisson brûlante. **4 POINTS**

☐ Mon chat fixe souvent une zone dans la maison – l'escalier, par exemple –, il semble suivre le mouvement d'un être invisible qui fait des allées et venues, monte et descend. **5 POINTS**

Test n° 3

Un hypnotiseur, lui ?

Votre chat serait-il un hypnotiseur-né ? Sentez-vous une puissance psychique particulière dans son regard félin ?

TACTIQUES PAYANTES

Vous gagnez des points à chaque fois que vous avez observé une des situations oculaires suivantes.

☐ Dans les luttes pour intimider l'adversaire par le regard, mon chat est généralement celui qui bat en retraite. **0 POINT**

☐ En les fixant du regard, mon chat est capable de faire sortir de la pièce les autres animaux du foyer. **2 POINTS**

☐ Si je suis en train de manger et que mon chat me regarde fixement, je perds l'appétit sur-le-champ. **2 POINTS**

☐ Mon chat est rarement le perdant dans un combat où il faut faire plier l'adversaire par le pouvoir du regard. **3 POINTS**

☐ Un jour, un ami a été tellement intimidé lorsque mon chat l'a regardé droit dans les yeux qu'il a dû quitter la maison. **4 POINTS**

☐ Mon chat est capable de me sortir d'un sommeil profond rien qu'en me fixant du regard. **5 POINTS**

☐ Rien qu'avec la puissance de son regard, mon chat peut mettre des objets en lévitation. **100 POINTS**

Test n° 4

L'année du Chat ?

Votre chat se montre-t-il à la hauteur des caractéristiques de son signe du zodiaque et/ou les exploite-t-il ?

Si votre chat manifeste tous les traits de caractère de son signe solaire, il obtient le maximum de points.

☐ BÉLIER (21 mars-20 avril) : un chat qui a du tempérament et qui utilise souvent sa force féline pour obtenir ce qu'il veut. **5 POINTS**

☐ TAUREAU (21 avril-20 mai) : un chat relativement imperturbable, mais qui n'aime pas le changement. **5 POINTS**

☐ GÉMEAUX (21 mai-21 juin) : un chat joueur, enjoué, badin, d'humeur changeante et éternellement jeune. **5 POINTS**

☐ CANCER (22 juin-22 juillet) : un chat timide, évasif, énigmatique et aux émotions complexes. **5 POINTS**

☐ LION (23 juillet-22 août) : un égocentrique prétentieux, exigeant et trop gâté. **5 POINTS**

☐ VIERGE (23 août-22 septembre) : un chat méticuleux, voire maniaque, d'une propreté irréprochable ; globalement, un membre du foyer qui donne entière satisfaction. **5 POINTS**

☐ BALANCE (23 septembre-22 octobre) : un chat vaniteux, toujours à soigner son apparence et légèrement dangereux, qi exige beaucoup d'attention et d'affection. **5 POINTS**

☐ SCORPION (23 octobre-21 novembre) : une bête retorse, terriblement puissante et vindicative ! **5 POINTS**

☐ SAGITTAIRE (22 novembre-20 décembre) : un chat utopique, souvent dans les nuages, qui apparaît brusquement et disparaît tout aussi vite. **5 POINTS**

☐ CAPRICORNE (21 décembre-19 janvier) : un chat sérieux, réservé, égoïste et déterminé – et qui a toujours raison. **5 POINTS**

☐ VERSEAU (20 janvier-18 février) : le poète de la mélancolie ! Un chat qui s'ennuie constamment, toujours en quête de changement et de stimulation culturelle. **5 POINTS**

☐ POISSONS (19 février-20 mars) : un animal complexe, protéiforme, inconstant et inconnaissable. **5 POINTS**

Résultats aux tests

TESTS PHYSIQUES

Entre 9 et 37 points

On ne peut pas dire que votre chat soit une créature qui en impose physiquement. Il préfère rester tranquille et vous laisser fixer l'emploi du temps. Mais si ces attitudes de désintérêt et de retrait perdurent, il peut s'agir de symptômes dépressifs, alors restez vigilant.

Entre 38 et 67 points

Votre chat aime participer. Il a une saine attitude à l'égard du jeu et de l'amusement. Il s'est clairement impliqué dans ces tests et peut obtenir de bons, voire de très bons résultats s'il est d'humeur.

68 points et plus

Attention : votre animal est prêt pour la série des James Bond. Qu'il se présente aux prochains castings, il sera aussitôt retenu pour jouer le rôle du plus grand ennemi de 007 de tous les temps. Il dégage une confiance et une assurance physique étonnantes. Préparez-vous à ce qu'il exige un jour d'avoir son propre camping-car sur votre propriété.

Comment votre chat peut s'améliorer

Plus vous vous investirez dans des activités physiques avec votre chat, plus vous améliorerez votre connaissance de son niveau de confiance et de satisfaction dans ce domaine. Tous les chats sont différents : certains préfèrent rester à l'écart du bouillonnement de la vie, tandis que d'autres, avec le temps, deviennent plus ouverts et partants pour multiplier les activités physiques. En répétant parfois ces tests, vous saurez si votre chat appartient à cette dernière catégorie.

TESTS LIÉS AU TERRITOIRE

Entre 11 et 67 points

Chat de compagnie par excellence, votre animal se sent plus détendu et plus en confiance à l'intérieur qu'à l'extérieur.

Entre 68 et 119 points

Votre chat est connu dans le voisinage, mais il ne joue pas avec le feu. Doté d'une grande force de conviction à la maison comme à l'extérieur, il est toujours prêt à négocier lorsqu'il se retrouve face à un conflit territorial.

120 points et plus

Votre chat ne cesse de repousser les frontières et d'étendre sa sphère d'influence. À votre insu, il a sans doute déjà envahi et conquis plusieurs propriétés voisines, entraînant le déplacement de toute une population de congénères. Allez jeter un œil dans les refuges du coin.

Comment votre chat peut s'améliorer

Si votre chat est dans la catégorie moyenne ou supérieure, il va certainement continuer de développer son sens territorial et expérimenter de nouvelles manières de s'affirmer. Il va gagner d'autres territoires et, par conséquent, améliorer encore ses résultats aux tests avec le temps. Mais s'il est satisfait de ses frontières telles qu'elles sont actuellement, ses résultats évolueront peu.

MÉTÉO ET RELATION AU COSMOS

Entre 4 et 25

Votre chat reste accroché au confort de la vie domestique. Il a tourné le dos aux mystères insondables et aux tribulations de la vie à l'extérieur.

Entre 26 et 47 points

Votre chat apprécie le frisson de la vie à l'extérieur et perçoit son univers domestique comme un monde à apprivoiser et à maîtriser.

48 points et plus

L'esprit de ses ancêtres félins coule dans les veines de votre chat. Il est en contact avec sa dimension la plus sauvage et voit le monde d'un œil philosophique. Alors sachez que vous pouvez apprendre beaucoup de lui.

Comment votre chat peut s'améliorer

Votre chat est né ainsi et vous avez (je l'espère) appris à l'apprécier tel qu'il est. Vous ne pouvez pas vraiment lui apprendre à élargir sa conscience s'il vit heureux dans les limites de son univers, aussi étroites soient-elles. Par conséquent, même des évaluations répétées ne feront guère évoluer ses résultats aux tests. Mais essayez quand même, qui sait? L'initier à de nouvelles choses ne peut que lui être profitable.

TESTS PSYCHOLOGIQUES

Entre 9 et 27 points

Votre chat doit être surveillé de près. Son attitude secrète, en retrait peut être, au mieux, un simple aspect de sa personnalité, au pire le signe d'un problème de santé ou d'un état dépressif.

Entre 28 et 42 points

Inutile de vous inquiéter. Votre chat est un animal bien équilibré et bien dans sa peau. Il sait comment être heureux mais aussi vous faire savoir quand « il ne trouve pas ça drôle ».

43 points et plus

Votre chat est sûr de lui, presque au point d'en éprouver de la frustration. Il y a des moments où il ne voit pas vraiment à quoi servent les humains (si ce n'est pour lui donner à manger), et ça peut être très déroutant pour ses soi-disant « maîtres ».

Comment votre chat peut s'améliorer

Comme pour le chapitre 3, vous ne pouvez probablement pas faire grand-chose pour améliorer la personnalité innée de votre chat, mais vous pouvez quand même agir sur certains aspects de sa psychologie globale. Si vous l'avez trouvé dans la nature, dans un refuge ou s'il a été dans un autre foyer avant vous, il a probablement vécu des situations (durant les premières années de sa vie) qui ont affecté sa confiance en lui. En passant davantage de temps ensemble et en l'exposant progressivement aux choses avec lesquelles il ne semble pas à l'aise (les humains, des congénères ou d'autres animaux), vous pouvez espérer voir ses résultats s'améliorer avec le temps.

SURNATUREL ET SIXIÈME SENS

Entre 4 et 14 points

Quoi qu'il se passe dans le monde des esprits, votre chat n'en a absolument pas conscience ou l'ignore superbement.

Entre 15 et 49 points

Votre chat est visiblement assez sensible à certains phénomènes et peut utiliser ses propres pouvoirs psychologiques à son avantage. Sa conscience de l'extrasensoriel et/ou du paranormal n'a rien de terrifiante, elle est au contraire rassurante.

50 points et plus

Votre chat fait partie de quelque chose de bien plus vaste et de bien plus profond que vous l'imaginez. Il pourrait même être le gardien d'une porte qui ouvre sur une autre dimension. Alors gardez un œil sur lui.

Comment votre chat peut s'améliorer

Vous n'avez quasiment aucun moyen de changer les résultats à ces tests. Le comportement de votre chat n'est guère appelé à évoluer car il est solidement ancré. Il ne vous reste plus qu'à chercher un exorciste pas trop cher dans les Pages Jaunes et à garder au maximum les pieds sur terre.

ANALYSE GLOBALE

Total des points : entre 35 et 174

Ne vous inquiétez pas si votre matou entre dans la catégorie des individus « collants ». Certains chats sont plus dépendants de leur maître que d'autres et apprécient davantage de rester confortablement chez eux, à goûter aux joies de la vie domestique. Toutefois, vous pouvez commencer à vous inquiéter si votre animal montre des signes d'agressivité, de souffrance ou de repli sur lui-même. Sérieusement, demandez l'avis d'un spécialiste si vous observez souvent ces types de comportements chez votre compagnon.

Total des points : entre 175 et 328

Les chats qui entrent dans cette catégorie font, en général, le bonheur de leur maître. Ils sont à l'aise à proximité des humains et vous considèrent comme un rouage essentiel du fonctionnement complexe de leur univers. Mais ils suivent leur instinct et vous faussent compagnie de temps en temps. Il est sain pour un chat d'avoir devant lui de larges horizons et d'être curieux du monde extérieur. Il n'y a donc pas lieu de vous en inquiéter.

Total des points : 329 et plus

Votre chat est un être complexe, indépendant et bien adapté, qui a trouvé le moyen d'être heureux dans tous les environnements, ou presque. Il n'est pas nécessairement le meilleur chat à avoir chez soi, mais il mérite votre respect et votre admiration. Profitez de ce spécimen d'une supériorité incontestable tant que vous le pouvez, car une fois qu'il saura se débrouiller seul, il n'aura plus besoin de vous.

BAFF AWARD

Brevet d'Aptitude aux Fonctions Félines

Je certifie que

____

a participé à une série de tests destinés à évaluer ses aptitudes dans les différentes catégories suivantes :

Prouesses physiques :		
Sens du territoire :		
Relation au cosmos :		
Force psychologique :		
Sixième sens :		
Total des points		

SIGNATURE DE L'EXAMINATEUR ____________________

DATE ________________

REMERCIEMENTS

Je remercie sincèrement mon grand ami et éminent consultant félin, Carron Brown, de m'avoir suggéré plusieurs des tests de ce livre et d'avoir bien voulu vérifier l'exactitude de mes observations du comportement félin. J'ai essayé de rendre cet ouvrage aussi drôle que possible tout en espérant qu'il soit un outil utile pour mieux connaître votre minou, et je dois dire que Carron m'a été d'une aide précieuse.
Je tiens également à remercier mon ancienne propriétaire, Lisa Thomas, de m'avoir transmis toute son expérience des matous. Merci à toute la famille Brown (Lola Mae, George Murray et Shannon) de m'avoir si abondamment inspiré.
Et merci à Caitlin Doyle de déployer tant d'efforts pour donner aux animaux domestiques la place qui leur revient dans les ouvrages de non-fiction. Caitlin, ces animaux vous saluent de leurs pattes fourrées. Continuez de faire du si bon travail.

Les Éditions Larousse utilisent des papiers composés de fibres naturelles, renouvelables, recyclables et fabriquées à partir de bois issus de forêts qui adoptent un système d'aménagement durable. En outre, les Éditions Larousse attendent de leurs fournisseurs de papier qu'ils s'inscrivent dans une démarche de certification environnementale reconnue.

PAPIER À BASE DE FIBRES CERTIFIÉES

LAROUSSE s'engage pour l'environnement en réduisant l'empreinte carbone de ses livres. Celle de cet exemplaire est de : 650 g éq. CO_2
Rendez-vous sur www.larousse-durable.fr

Imprimé en Espagne par Macrolibros SL
Dépôt légal : octobre 2017
319833/01 – 11035665 – août 2017